PERROS AMIGOS

PAT JACOBS

Traducción de Santiago Ochoa

Crabtree Publishing Company

www.crabtreebooks.com

CRABTREE
PUBLISHING COMPANY
WWW.CRABTREEBOOKS.COM

Published in Canada
Crabtree Publishing
616 Welland Avenue
St. Catharines, ON
L2M 5V6

Published in the United States
Crabtree Publishing
347 Fifth Avenue
Suite 1402–145
New York, NY 10016

Published by Crabtree Publishing Company in 2021

First published in 2017 by Wayland
Copyright © Hodder and Stoughton, 2017

Author: Pat Jacobs

Editorial director: Kathy Middleton

Editors: Elizabeth Brent, Petrice Custance

Translation to Spanish: Santiago Ochoa

Edition in Spanish: Base Tres

Cover and interior design: Dynamo

Proofreader: Wendy Scavuzzo

Production coordinator & Prepress technician: Tammy McGarr

Print coordinator: Katherine Berti

Photographs
iStock: p1 GlobalP; p2 David Baileys, AVAVA, EpicStockMedia; p3 Alona Rjabceva; p4 PakHong, Eric Isselée; p5 Eric Isselée; p6 oxilixo, belchonock, Vitaly Shabalyn, Eric Isselée; p7 Yulia Remezova, borojoint, Vitaly Shabalyn, GlobalP; p8 cynoclub, belchonock, GlobalP; p9 GlobalP, Hongqi Zhang, damedeeso; p10 adogslifephoto, WilleeCole; p11 cynoclub, sale123, Ever, PongMoji, LuapVision, Uros Petrovic, JennayHitesman, Jevtic; p12 Wavebreakmedia, &#169 Lisa Turay; p13 WilleeCole, ncn18, WilleeCole; p14 GlobalP, Chalabala; p15 HannamariaH, Jen Grantham, Eric Isselée, RuslanOmega; p16 pyotr021, IuriiSokolov, Jeanne9; p17 fotoedu, Anna-av, cynoclub; p18 LuckyBusiness, vetkit; p19 Marco Lavagnini, mrgao, cosmln, bina01, GlobalP; p20 adogslifephoto; p21 Wavebreakmedia, mythja, cynoclub; p22 IvonneW, adogslifephoto; p23 cynoclub; p24 Halfpoint, francisgonsa; p25 adogslifephoto, Dorottya_Mathe; p26 Devin_Pavel, Ljupco, damedeeso; p27 glebus, aida savaşcıoğulları, knowlesgallery; p28 GlobalP, nickpo; p29 GlobalP; p32 fongleon356; Front cover: GlobalP; Back cover: Stephanie Zieber

Printed in Canada/102020/CPC

Library and Archives Canada Cataloguing in Publication
Title: Perros amigos / Pat Jacobs ; traducción de Santiago Ochoa.
Other titles: Dog pals. Spanish
Names: Jacobs, Pat, author. | Ochoa, Santiago, translator.
Description: Series statement: Mascotas amigas |
  Translation of: Dog pals. | Includes bibliographical references
  and index. | Text in Spanish.
Identifiers: Canadiana (print) 20200293486 |
  Canadiana (ebook) 20200293494 |
  ISBN 9780778784494 (hardcover) |
  ISBN 9780778784715 (softcover) |
  ISBN 9781427126719 (HTML)
Subjects: LCSH: Dogs—Juvenile literature. |
  LCSH: Dogs—Behavior—Juvenile literature.
Classification: LCC SF426.5 .J3418 2021 | DDC j636.7—dc23

Library of Congress Cataloging-in-Publication Data
Names: Jacobs, Pat, author. | Ochoa, Santiago, translator.
Title: Perros amigos / Pat Jacobs ; traducción de Santiago Ochoa.
Other titles: Dog pals. Spanish
Description: New York : Crabtree Publishing Company, 2021. |
  Series: Mascotas amigas | Title from cover.
Identifiers: LCCN 2020031853 (print) | LCCN 2020031854 (ebook) |
  ISBN 9780778784494 (hardcover) |
  ISBN 9780778784715 (paperback) |
  ISBN 9781427126719 (ebook)
Subjects: LCSH: Dogs--Juvenile literature.
Classification: LCC SF426.5 .J3518 2018 (print) |
  LCC SF426.5 (ebook) | DDC 636.7--dc23

ÍNDICE

Tu perro: de la cabeza a la cola	4
Todas las formas y tamaños	6
Eligiendo a tu perro	8
En la perrera	10
Conociéndote	12
Dietas para perros	14
Cuidado diario	16
Salud y seguridad	18
Comportamiento del perro	20
Comunicación	22
Entrenamiento	24
Diversión y juegos	26
Cuestionario sobre perros	28
Respuestas del cuestionario	30
Aprende más	31
Glosario e índice analítico	32

TU PERRO:
DE LA CABEZA A LA COLA

Los perros **evolucionaron** a partir de una antigua **raza** de lobos y fueron probablemente los primeros animales en ser **domesticados**. Empezaron a vivir con personas hace más de 15,000 años. Los perros daban a los humanos las primeras advertencias sobre intrusos. También ayudaban a los cazadores olfateando y persiguiendo a las **presas**.

Garras: Garras fuertes y chatas que se agarran al suelo mientras el perro corre. También le sirven para cavar.

Cola: La cola da una buena pista de cómo se siente un perro.

Pies: Los perros solo tienen **glándulas** sudoríparas en sus pies, así que tienen que refrescarse jadeando.

Patas: Los poderosos músculos de las patas permiten a los perros correr largas distancias.

Ojos: Los perros no pueden ver tantos colores como nosotros, pero con luz tenue su visión es mejor que la nuestra.

Orejas: Un perro puede oír un sonido cuatro veces más lejano que lo que una persona. También pueden oír sonidos agudos que nosotros no podemos oír.

Cerebro: La parte del cerebro de un perro dedicada al olfato es 40 veces más grande que la del humano.

Nariz: Los perros tienen un sentido del olfato increíble. En la nariz de un perro hay hasta 300 millones de **receptores olfativos**, comparados con los 6 millones en una nariz humana. Los perros también tienen un **órgano** olfativo especial en el paladar de su boca que les ayuda a oler.

Bigotes: Estos largos pelos alrededor del hocico de un perro detectan el movimiento del aire y advierten los obstáculos en la oscuridad.

Boca: Los dientes afilados y las mandíbulas fuertes ayudan a atacar a la presa y a desgarrar la comida.

DATOS SOBRE LOS PERROS

- Los sabuesos pueden rastrear un olor humano a grandes distancias. En 1954, un sabueso encontró a una familia desaparecida siguiendo un rastro que tenía 12 días de antigüedad.

- Los perros pueden respirar de 300 a 400 veces por minuto cuando están jadeando para refrescarse.

TODAS LAS FORMAS Y TAMAÑOS

Los perros varían en forma y tamaño más que cualquier otra mascota. Grande o pequeño, corredor de larga distancia o perezoso, cachorro de **pura raza** o **mestizo**, habrá un perro que será perfecto para ti. Estas son solo algunas de las distintas razas populares.

Los **cocker Spaniels** fueron criados para cazar aves. Están ansiosos por complacer, son juguetones y activos. Normalmente se llevan bien con otras mascotas.

Los **perros salchicha** fueron criados con patas cortas para cazar tejones y otros animales de madriguera. Les gusta ladrar y pueden ser muy traviesos.

Los **galgos** son velocistas y no necesitan hacer mucho ejercicio; de hecho, pasan mucho tiempo durmiendo. Son criados para perseguir a las presas, por lo que necesitan que se les mantenga con una correa cuando salen a pasear.

Los **dálmatas** fueron criados para correr junto a los carruajes, por lo que necesitan mucho ejercicio. Son inteligentes, pero necesitan un entrenamiento cuidadoso.

Los **Terranova** son grandes nadadores gracias a sus patas palmeadas. Son perros muy trabajadores que ayudaban a los pescadores jalando redes.

Los **Yorkshire Terrier** son perros pequeños con grandes personalidades. Les encanta jugar, pero pueden morder si los niños pequeños son demasiado bruscos con ellos.

Los **gran daneses** son gigantes amables. Su naturaleza dulce los hace mascotas perfectas, pero su enorme tamaño significa que no caben en todos los hogares.

Los **labradores** son amigables e inteligentes. Necesitan mucho ejercicio y se aburren fácilmente. Les encanta la comida y pueden llegar a tener sobrepeso.

GRANDES Y PEQUEÑOS

- Entre los perros adultos, uno de los más pequeños fue un Yorkshire Terrier que medía 3.7 pulgadas (9.5 cm) de largo y pesaba solo 4 onzas (113 gramos).

- Uno de los perros más grandes conocidos fue un mastín inglés que pesaba 343 libras (155.6 kg) y medía 98 pulgadas (250 cm) de la nariz a la cola.

ELIGIENDO A TU PERRO

Antes de elegir un perro, piensa en todas las cosas que te gustaría hacer con tu nueva mascota. Los perros han sido criados para hacer todo tipo de trabajos, y esto afecta la forma en que se comportan. Algunos son inteligentes y quieren mucha atención, a otros les encanta correr y necesitan mucho ejercicio.

¿CACHORRO ADULTO?

Si tu familia no tiene problemas en lidiar con zapatos masticados ni en entrenarlo para ir al baño a cambio de horas de diversión, entonces un cachorro es el adecuado para ti. De lo contrario, hay muchos perros mayores que buscan un nuevo hogar, y que probablemente ya estén **castrados** o **esterilizados** y **entrenados para ir al baño**.

¿DE PURA RAZA MESTIZO?

Si adquieres un cachorro de raza, sabrás qué esperar cuando crezca, pero un diminuto cachorro de raza mixta puede convertirse en un adulto enorme. Los perros vienen en todos los tamaños, así que pregunta por los padres del cachorro para que tengas una idea de lo grande que puede llegar a ser tu perro.

¿GRANDE PEQUEÑO?

Piensa en el espacio de tu casa e imagina un perro grande allí. ¿Tendría espacio para moverse? La mayoría de los perros grandes necesitan hacer más ejercicio que las razas pequeñas, y es más costoso alimentarlos. Las razas más pequeñas suelen vivir más tiempo que los perros grandes.

¿MACHO HEMBRA?

Hay poca diferencia entre los perros machos y hembras. Los machos a veces son más grandes, mientras que las hembras a menudo crecen más rápido que los machos y pueden empezar a ser entrenadas a una edad más temprana.

¡HORA DE CAMINAR!

Debes ser realista sobre la cantidad de tiempo que puedes dedicar a pasear a tu perro. No elijas una raza que necesite paseos muy largos si tu tiempo es limitado. Sorprendentemente, un gran danés necesita más o menos la misma cantidad de tiempo para pasear que un Jack Russell terrier, por lo que el tamaño no siempre sirve de guía.

9

EN LA PERRERA

¡Los cachorros siempre se meten en líos! Necesitarás hacer que tu casa sea a prueba de cachorros para que sea segura para el nuevo miembro de tu familia.

Un transportín para perros mantendrá a tu mascota a salvo cuando estés afuera de la habitación, y es un lugar para que tu cachorro descanse cuando lo necesite. Un transportín que quepa en el auto será útil cuando lleves a tu mascota de viaje o para ir al veterinario.

Para consolar a tu nuevo cachorro, intenta llevar a casa parte de la ropa de cama de su hogar anterior.

EXAMINA A TU MASCOTA

Tu perro tiene:

- ¿algún lugar acogedor para dormir?
- ¿tazones de comida y agua?
- ¿juguetes?

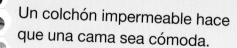

Un colchón impermeable hace que una cama sea cómoda.

LA MASCOTA HABLA

Puede que yo sea más feliz en tu regazo en la parte trasera del auto que dentro de un transportín mientras vamos a casa.

Los cachorros son expertos masticadores, así que consigue algunos juguetes para masticar, y proteger así tus zapatos de sus dientes afilados.

Necesitarás un collar, una correa y una placa de identificación antes de salir a pasear con tu amigo peludo.

ACOPIO DE PROVISIONES

Lo mejor es ofrecer a tu nuevo perro la misma comida que ya está acostumbrado a comer. Si quieres cambiar a otro alimento, hazlo gradualmente reemplazando un poco del alimento original. Necesitarás tazones de cerámica o de acero inoxidable para la comida y el agua, y algunos premios para el entrenamiento.

Un cepillo ayudará a mantener el pelaje de tu perro en buen estado, y el aseo puede ayudar a crear un vínculo entre tu mascota y tú.

CONOCIÉNDOTE

BIENVENIDO A CASA

Muéstrale a tu mascota su área de dormir y luego deja que explore su nuevo entorno. A los perros les gusta la compañía, así que asegúrate de que tu cachorro reciba mucha atención. Si tienes un transportín, mantenlo cerca del centro de la vida familiar.

Lleva a tu perro a casa en un momento tranquilo, y no lo dejes solo durante períodos largos en las primeras semanas. Es bueno presentar a tu mascota a la gente, pero dale a tu nuevo amigo unos días para instalarse antes de invitar a los visitantes.

HORA DE DORMIR

Los perros normalmente duermen con su **manada**, así que tu cachorro probablemente querrá pasar la primera noche con alguien de tu familia. Si no quieres que tu perro duerma en tu cuarto, una bolsa de agua caliente y un reloj de tictac envuelto en una manta en su cama pueden ayudar a tranquilizarlo.

PRIMERO LAS REGLAS

A los perros les encantan las rutinas, así que prepara una tan pronto como tu perro llegue a casa. Se sentirá más seguro si conoce las reglas de la casa desde el principio. Los demás miembros de tu familia también deben cumplirlas, así que acuerda una lista antes de que llegue tu nueva mascota.

LA MASCOTA HABLA

Por favor, no me aprietes. A los perros no nos gusta que nos agarren muy fuerte y podría morderte.

CONOCIENDO A OTRAS MASCOTAS

Encierra a otras mascotas en una habitación separada cuando tu perro llegue a casa. Cuando los presentes, mantén a un animal con una correa, en una caja o detrás de una barrera, para que se acostumbren el uno al otro sin ningún riesgo. Asegúrate de que tus mascotas se hayan hecho buenas amigas antes de dejarlas juntas a solas.

13

DIETAS PARA PERROS

Los perros se sienten felices de comer la misma comida todos los días, y los cambios repentinos les pueden causar trastornos estomacales. No molestes a tu perro mientras come y nunca le des comida de la mesa: a tu perro no le gustaría que tomaras su comida, así que no dejes que te haga compartir la tuya.

Los alimentos secos son útiles si tienes que dejar la comida afuera durante el día.

ALIMENTANDO A LOS CACHORROS

Los cachorros necesitan cuatro comidas al día cuando tienen ocho semanas de edad. Entre las 12 semanas y los seis meses necesitan tres comidas diarias porque su crecimiento es muy acelerado.

ALIMENTANDO A LOS PERROS

Los perros adultos necesitan dos comidas al día. La comida con carne, para perros, es lo más parecido a su dieta natural y tiene todo lo que necesitan para mantenerse sanos. Los perros siempre deben tener cerca un tazón con agua fresca, pero debes eliminar cualquier sobra de comida.

LA MASCOTA HABLA

Comeré cualquier cosa, así que por favor asegúrate de que yo no pueda alcanzar aquellos alimentos que podrían enfermarme.

Estos alimentos para humanos son peligrosos para los perros:

- chocolate
- uvas, pasas y sultanas
- cebollas, ajo y cebollín
- nueces, nueces de nogal y de macadamia
- aguacates
- sal y algunos endulzantes artificiales
- café y bebidas alcohólicas

PREMIOS

Si recompensas a tu perro con premios durante el entrenamiento, dale menos alimentos en la siguiente comida. Los premios no deben ser más grandes que tu uña.

PERROS RECHONCHOS

Los perros salvajes son **carroñeros** y comen todo lo que encuentran, incluso si no tienen hambre. Los perros de compañía son iguales, así que es importante mantener la comida fuera de su alcance. Las mascotas con sobrepeso tienen muchos problemas de salud, ¡así que no te rindas ante esos ojos de cachorro suplicante!

CUIDADO DIARIO

Asegúrate de que tu perro se mantenga sano, vigilando cualquier comportamiento inusual o señales de que tu mascota pueda sentir dolor. Si un perro deja de comer, suele ser una pista de que algo está mal.

ASEO

Los perros no hacen mucho para mantenerse limpios y algunos hacen lo posible por ensuciarse. El aseo regular de tu mascota mantiene su pelaje y su piel en buenas condiciones.

LA MASCOTA HABLA

Puede ser bueno para mí bañarme y que me cepilles los dientes, ¡pero eso no significa que me tenga que gustar!

BAÑO

A los perros les encanta estar sucios y apestosos, así que harán lo posible por evitar un baño. Puedes ayudar a que sea divertido para ellos con juguetes y premios. Usa agua tibia y champú para perros, y no le eches agua en la cara o en los oídos. ¡Prepárate para mojarte!

CORTE DE UÑAS

Las uñas de un perro deben cortarse al menos una vez al mes, pues podría sentir mucho dolor, ¡como sentirías si nunca te cortaras las uñas de los pies! Recuérdale a un adulto cuando sea el momento de cortarlas.

CUIDADO DENTAL DEL PERRO

Si cepillas los dientes de tu perro algunas veces a la semana, puedes evitar que tu mascota sufra dolores de dientes y encías. Deja que tu perro lama la crema dental de tu dedo y toca sus dientes con un cepillo suave para que se acostumbre a la idea.

SALUD Y SEGURIDAD

Los perros de compañía deben ser **vacunados** y castrados o esterilizados. Tu perro también debería tener un **microchip** que te ayude a identificar a tu mascota en caso de que se pierda.

CASTRACIÓN/ESTERILIZACIÓN

Los cachorros son castrados o esterilizados cuando tienen alrededor de seis meses. Esto ayuda a protegerlos de ciertas enfermedades. También contribuye a una vida hogareña más feliz con tu mascota, ya que los perros machos no castrados son más propensos a pelear y a **marcar con olores** su **territorio**.

Los microchips se insertan bajo la piel entre los omóplatos de un perro.

EXAMINA A TU MASCOTA

Tu perro ha sido:

- ¿vacunado?
- ¿castrado o esterilizado?
- ¿tiene un microchip?

EXTERIORES MARAVILLOSOS

Los cachorros no deben salir a pasear al aire libre hasta dos semanas después de sus últimas vacunas, pero de todas formas necesitan aprender sobre el mundo exterior. Intenta llevar a tu cachorro en un transportín para perros o en tu auto, para que se acostumbre a los sonidos y olores del mundo exterior.

PULGA

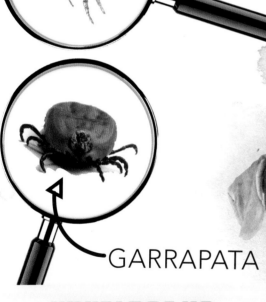

GARRAPATA

CONTROL DEL PESO

El sobrepeso es uno de los mayores riesgos para la salud de un perro. El sobrepeso afecta el corazón y las articulaciones, así como su respiración. A continuación, te indicamos cómo asegurarte de que tu mascota tenga un peso saludable:

- Deberías poder sentir los huesos de tu perro bajo una fina capa de grasa.
- Tu perro debería tener más estrecha la cintura detrás de las costillas.

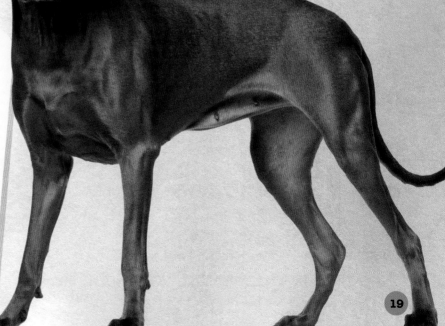

INVITADOS NO DESEADOS

Debes estar atento a las pulgas y garrapatas cuando cepilles a tu perro. Le hacen la vida imposible a tu mascota y pueden causar enfermedades. Hay inyecciones y tratamientos para eliminarlas, así que pídele consejo a tu veterinario.

COMPORTAMIENTO DEL PERRO

Los perros son animales de manada, lo que significa que quieren sentirse parte del grupo. Por eso los perros se llevan tan bien con otros animales de la casa, y especialmente con los seres humanos.

SÉ EL JEFE

A los perros les gusta saber lo que se espera de ellos. La disciplina y la rutina les ayudan a sentirse seguros y felices. Es importante que tu perro sepa quién está a cargo y cuáles son las reglas de la casa. Sé firme con tu perro, pero siempre cariñoso. Si castigas a tu perro, aprenderá a temerte. Eso no conducirá a una vida hogareña feliz.

CAVAR Y ENTERRAR

A los perros les encanta cavar. ¡También les encanta enterrar cosas! Es un **instinto** natural de los perros. En la naturaleza, los perros solían cazar su comida y la enterraban para comerla después. Con entrenamiento y paciencia, puedes trabajar para reducir este comportamiento.

DEMUÉSTRAME AMOR

Los perros anhelan afecto. Quieren saber que los amas. A algunos les puede gustar que los abracen, pero a otros no. Presta atención al comportamiento de tu perro. Si lo estás abrazando y trata de alejarse, intenta solo acariciarlo o frotarle las orejas.

VER A TRAVÉS DE LA NARIZ

Los perros «ven» el mundo a través de sus narices. Su sentido del olfato es tan bueno que pueden hacerse una imagen con una rápida olfateada. ¡Sabrán dónde has estado, qué has tocado, a quién has conocido y qué has comido!

LA MASCOTA HABLA

Si me dejas saber cómo quieres que me comporte, haré lo posible por complacerte.

COMUNICACIÓN

¿Alguna vez has visto a tu perro inclinar la cabeza hacia un lado mientras le hablas? ¡Parece como si te estuviera escuchando, y es precioso! Tu perro probablemente solo está leyendo tu **lenguaje corporal**, porque es la principal forma en que se comunican los perros.

HABLANDO CON LA COLA

Los perros mueven la cola cuando están contentos, pero una cola que se mueve también puede tener otros significados:

- Una cola que se mueve tan fuerte que hace que el perro mueva el trasero significa que se siente amigable y listo para jugar.

- Un meneo de cola acompañado de ladridos y una mirada larga y dura significa que el perro está frustrado, por lo que debes alejarte.

- Si un perro bosteza o se lame los labios cuando no está cansado o hambriento, puede sentirse ansioso, aunque también podría mover la cola.

- Una cola en alto y que se mueve lentamente significa que el perro está esperando a ver qué pasa.

- Si el perro tiene la cola baja o entre las patas, significa que está nervioso.

ADVERTENCIA

Un perro enojado tendrá el cuerpo rígido y erguido, y su pelo puede erizarse para que parezca más largo. Sus orejas estarán hacia atrás, mostrará sus dientes y podría dar un gruñido amenazador. Esta es su advertencia de que es hora de irte en silencio y darle al perro la oportunidad de calmarse, pues de lo contrario podría morderte.

ENCANTADO DE CONOCERTE

Cuando los humanos se encuentran, caminan directamente el uno hacia el otro y se miran a los ojos. Los perros pensarían que esto es muy grosero. Ellos se acercan uno al otro, de lado a lado y se olfatean las colas, lo que les dice todo lo que necesitan saber sobre el otro perro. ¡Imagina si los humanos se comportaran así!

LA MASCOTA HABLA

¡Si me agacho con el trasero al aire, significa que estoy listo para jugar!

ENTRENAMIENTO

Empieza a entrenar a tu cachorro lo antes posible. El entrenamiento debe ser divertido, así que no dejes que tu perro se aburra. Es mejor que las sesiones de entrenamiento sean cortas, de menos de 10 minutos. Nunca castigues a tu perro porque te tendrá miedo y será menos probable que haga lo que le pidas.

¡BUEN PERRO!

Los perros quieren complacer, así que deberían recibir muchos elogios por hacer lo correcto. Los premios pequeños y sabrosos son una buena recompensa cuando empiezas a entrenarlo, pero una vez que tu perro haya aprendido qué hacer, debería bastar con tu elogio.

¡SIÉNTATE!

¡RUEDA!

ENSEÑANDO LAS ÓRDENES

Empieza por enseñar a tu perro a sentarse. Es una buena manera de mantener a tu perro a salvo y evitar que se escape o se lance sobre la gente.

- Asegúrate de que tu perro se concentre en ti.

- Enséñale que tienes un premio en la mano.

- Mueve lentamente el premio sobre la cabeza de tu mascota y di: «¡siéntate!».

- Tu perro debería estar sentado mientras trata de alcanzar el premio.

- Entrega el premio y elogia a tu perro efusivamente.

- Repite esto, diciendo «¡siéntate!» cada vez.

- Las señales con la mano le ayudan a tu perro a entender.

Una vez que tu perro haya dominado esto, puedes enseñarle otras órdenes, como: «¡quieto!», «¡ven!», «¡abajo!» y «¡rueda!» Usa siempre la misma palabra y el mismo tono de voz.

ENTRENAMIENTO PARA IR AL BAÑO

- Lleva tu cachorro afuera a primera hora de la mañana, y luego cada hora.

- Dale un premio y elógialo cuando vaya al baño. Recoge cualquier desecho.

- Nunca castigues a un perro por un tener un accidente.

LA MASCOTA HABLA

Por favor, enséñame solo una orden a la vez ¡Me encantaría divertirme con un juguete después del entrenamiento!

DIVERSIÓN Y JUEGOS

A los perros les gustan diferentes tipos de juegos dependiendo de su raza y personalidad. Estos son algunos juegos que tanto tú como tu perro pueden disfrutar. ¡Averigua cuáles le gustan más a tu mascota!

TIRA Y AFLOJA

A la mayoría de los perros les encanta jugar al tira y afloja con sus dueños, pero solo hazlo con un perro que no sea más fuerte que tú. Hay muchos juguetes diseñados para este tipo de juego.

JUGAR AL ESCONDITE

Puedes combinar un juego de escondite con el entrenamiento de tu perro para que permanezca quieto y se acerque a ti. Intenta esconderte en otra habitación y llama a tu perro.

JUEGOS PARA ATACAR

Este tipo de juego es popular entre los perros pequeños que han sido criados para cazar presas. Ata un juguete o un calcetín viejo a un trozo de cuerda y jálalo a lo largo del suelo.

HAZ TUS PROPIOS JUGUETES

• Coloca un premio dentro de una botella de plástico sin tapa, o de una caja de cereales, y deja que tu perro la saque.

• Ata algunas camisetas viejas para hacer un juguete de tira y afloja.

• Mete una pelota de tenis dentro de una camiseta vieja para hacer un juguete de ataque.

PERSEGUIR Y ATRAPAR

A algunas razas les encanta perseguir y atrapar pelotas, y un lanzador de pelotas te ayudará a lanzar la pelota aún más lejos. También puedes jugar este juego con un disco volador y otros juguetes.

REGLAS DE JUEGO

• No juegues a la lucha libre con tu perro, porque podrías resultar lastimado.

• Usa diferentes juguetes y cambia los juegos para que tu perro no se aburra.

• Guarda los juguetes después de jugar.

• Juega en rachas cortas y detente mientras tu perro aún se divierte.

CUESTIONARIO SOBRE PERROS

¡Ahora deberías saber mucho sobre perros! Pon a prueba tus conocimientos respondiendo a estas preguntas:

 1 ¿Cómo te indica un perro que quiere jugar?

a. Rueda
b. Se agacha con el trasero al aire
c. Echa sus orejas hacia atrás

 2 ¿Por qué criaron a los perros salchicha con patas cortas?

a. Para que no pudieran escapar
b. Para evitar que suban a los muebles
c. Para cazar tejones

 3 ¿Cuál de estas razas de perro es famosa por su sentido del olfato?

a. Yorkshire terrier
b. Galgo
c. Sabueso

 4 ¿Qué raza de perro tiene las patas palmeadas?

a. Terranova
b. Dálmata
c. Labrador

 5 ¿Cuántas comidas debe tener un perro adulto al día?

a. 2
b. 3
c. 4

6 ¿De qué animales evolucionaron los perros?

a. Zorros
b. Lobos
c. Hienas

10 ¿Cómo puede sentirse un perro si bosteza cuando no está cansado?

a. Feliz
b. Relajado
c. Ansioso

7 ¿Por qué jadean los perros?

a. Porque tienen hambre
b. Para refrescarse
c. Como advertencia de que pueden morder

8 ¿Con qué frecuencia debes cortar las uñas de tu perro?

a. Todos los días
b. Cada semana
c. Cada mes

9 ¿Cuál de estos alimentos es perjudicial para los perros?

a. Uvas
b. Zanahoria
c. Coco

RESPUESTAS DEL CUESTIONARIO

1 ¿Cómo te indica un perro que quiere jugar?

b. Se agacha con el trasero al aire

2 ¿Por qué criaron a los perros salchicha con patas cortas?

c. Para cazar tejones

3 ¿Cuál de estas razas de perro es famosa por su sentido del olfato?

c. Sabueso

4 ¿Qué raza de perro tiene las patas palmeadas?

a. Terranova

5 ¿Cuántas comidas debe tener un perro adulto al día?

a. 2

6 ¿De qué animales evolucionaron los perros?

b. Lobos

7 ¿Por qué jadean los perros?

b. Para refrescarse

8 ¿Con qué frecuencia debes cortar las uñas de tu perro?

c. Cada mes

9 ¿Cuál de estos alimentos es perjudicial para los perros?

a. Uvas

10 ¿Cómo puede sentirse un perro si bosteza cuando no está cansado?

c. Ansioso

APRENDE MÁS

LIBROS

Baines, Becky. *National Geographic Kids Everything Dogs: All the Canine Facts, Photos, and Fun You Can Get Your Paws On!* National Geographic Children's Books, 2012.

Kalman, Bobbie, and Hannelore Sotzek. *What is a Dog?* Crabtree Publishing, 2000.

Sjonger, Rebecca, and Bobbie Kalman. *Puppies*. Crabtree Publishing, 2004.

GLOSARIO

carroñeros: criaturas que comen la carne de los animales que han muerto

castrados: machos que han tenido una operación que impide que puedan tener crías

domesticados: animales que han sido amansados y se han vuelto obedientes

entrenados para ir al baño: animales a los que se les ha enseñado a hacer sus necesidades en el lugar correcto

esterilizados: hembras que han tenido una operación que impide que puedan tener bebés

evolucionaron: que se desarrollaron lentamente o cambiaron a lo largo de generaciones

glándulas: órganos que producen fluidos y químicos, como la saliva, las lágrimas y el olor

instinto: comportamiento natural que es automático y no se aprende

lenguaje corporal: comunicarse a través de gestos y movimientos corporales

manada: grupo de animales que viven y cazan juntos en la naturaleza

marcar con olores: cuando un animal libera un olor o una sustancia, como la orina, para marcar su territorio

mestizo: perro que tiene padres de dos o más razas diferentes

microchip: pequeño dispositivo electrónico insertado bajo la piel de un animal para ayudar a mantener el rastro del animal en caso de perderse

órgano: parte de una persona, planta o animal que realiza una función especial

presas: animales que han sido cazados y matados por otros animales

pura raza: perro que tiene dos padres de la misma raza

raza: grupo de animales con los mismos ancestros y características

receptores olfativos: células dentro de la nariz que absorben los olores y envían información al cerebro

territorio: área que un animal ha reclamado para sí mismo y defiende de los intrusos

vacunados: humanos y animales que han sido inyectados con sustancias que los protegen contra enfermedades graves

ÍNDICE ANALÍTICO

alimentos: 14,15
aseo: 11, 16
bañarme: 17
bigotes: 5
cachorros: 10,11, 14,18, 19
caminar: 9
cerebro: 5
cocker Spaniels: 6
colas: 23
collar: 11
comportamiento: 16, 20, 21
comunicación: 22
corte de uñas: 17

dálmatas: 6
dientes: 5, 11, 17, 23
dieta: 14
dormir: 10,12
entrenamiento: 6, 11, 15, 20, 24–26
entrenamiento para ir al baño: 25
escuchando: 22
esterilización: 18
galgos: 6
garrapatas: 19
garras: 4
gran daneses: 7
hembra(s): 9
hocico: 5

Jack Russell terrier: 9
jadeando: 4, 5
juegos: 26, 27
jugar: 7, 22, 23, 26, 27
juguetes: 10, 11, 17, 26, 27
labradores: 7
macho(s): 9,18
marcar con olores: 18
masticar: 11
mastín inglés: 7
mestizo: 6, 8
microchip(s): 18
nariz, narices: 5, 7, 21
ojos: 5, 15, 23
orejas: 5, 21, 23

otras mascotas: 6, 13
patas: 4, 6, 7, 22
perros salchicha: 6
peso: 19
pulgas: 19
razas: 6, 9, 27
sabuesos: 5
salud: 15, 18, 19
seguridad: 18
sentido del olfato: 5, 21
Terranova: 7
transportín: 10–12, 19
vacunas, vacunados: 18, 19
visión: 5
Yorkshire Terrier: 7